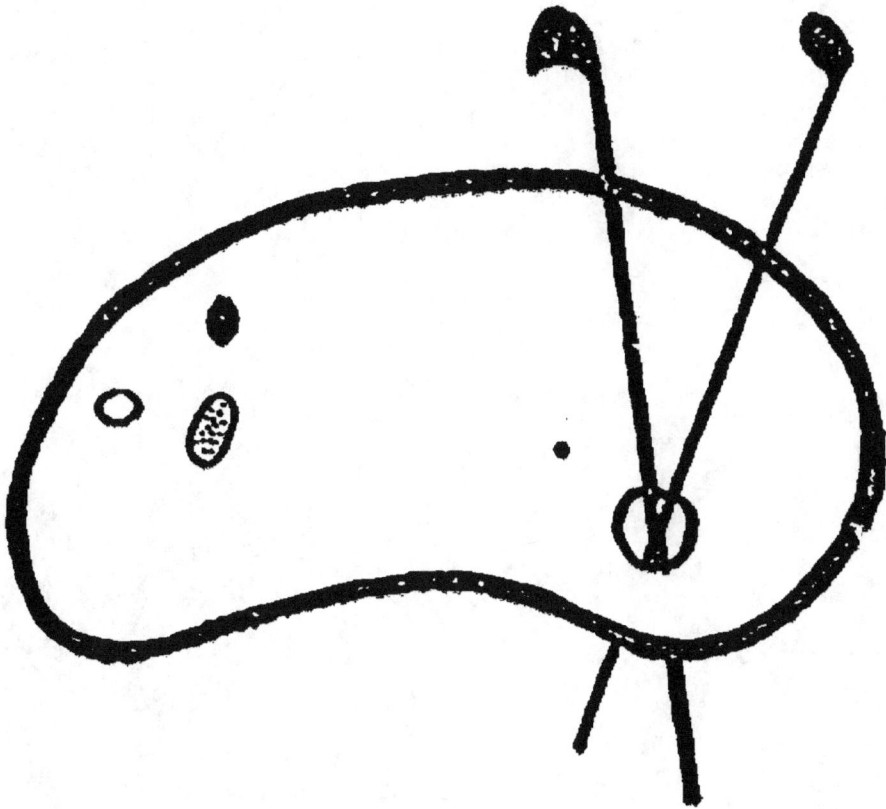

**COUVERTURE SUPERIEURE ET INFERIEURE
EN COULEUR**

Hambye

L'ÉGLISE — LE BOURG

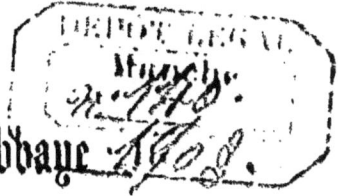

Le Château. — L'Abbaye

Par Joseph GRENTE

A. P.

AVRANCHES
IMPRIMERIE PERRIN, RUE DE LA CONSTITUTION

1903

Hambye

L'ÉGLISE – LE BOURG

Le Château. — L'Abbaye

Parmi les excursions les plus intéressantes que conseillent les *Guides* aux baigneurs des plages qui avoisinent Granville et Coutances, la visite aux *Ruines de l'Abbaye de Hambye* est l'une des plus en faveur. Plus d'un lettré du pays s'est laissé entraîner à raconter les fastes de cet antique monument : des brochures abrégées pour les uns, un volume très soigné pour d'autres, sont le résultat, et de leur connaissance, et de leur affection de ce coin béni, qui charme les loisirs de leur âge mûr, comme il avait enchanté l'imagination de leur adolescence.

Nous n'avons nullement l'intention de supplanter leurs travaux d'un réel mérite. Amené par nos recherches personnelles à nous occuper de la contrée aux différentes époques de son histoire, nous avons cru pouvoir céder aux instances de nos amis et compatriotes et faire revivre, en quelques pages, à la fois la vie des moines et des seigneurs, et l'existence de leurs vassaux et féaux sujets. Puisse cette évocation des âges écoulés entretenir dans nos fidèles tenanciers de Hambye, et ranimer dans les trop nombreux émigrants, *l'amour du sol natal !*

Hambye, juillet 1903.   Joseph Grente.

L'EGLISE

Le voyageur qui arrive par le chemin de fer de Coutances ou de Granville, descend à la gare de Cérences, au bord de la rivière de Sienne, dont la pittoresque vallée lui réserve plus d'un spectacle séduisant. Il lui faut cependant s'en éloigner pendant plusieurs kilomètres, en se contentant de jeter un regard, d'abord en arrière sur les côteaux où domine le clocher de Cérences, puis à droite sur quelques éclaircies dans la direction de la forêt de Gavray. Le bourg de Longronne n'a rien qui le retienne. Celui de Saint-Denis-le-Gast lui offre à saluer, avec son église en partie de l'époque romane, le buste bien isolé de Saint-Évremond, le plus illustre de ses enfants.

Mais à peine a-t-on franchi la dernière maison, qu'à droite l'horizon s'élargit subitement : c'est un premier aperçu superbe sur l'horizon qui bientôt s'offrira dans toute son ampleur aux approches de l'Abbaye.

Du haut de la côte suivante, on distingue, au milieu de la verdure, une tour carrée surmontée d'une large lanterne : c'est l'église paroissiale de Hambye. On l'atteint bientôt en tournant à droite auprès de la chapelle élevée à l'extrémité du cimetière : monument de reconnaissance à Notre-Dame du Sacré-Cœur pour avoir épargné, en 1870-71, aux Hambyons, les douleurs de l'invasion allemande. A ses pieds, une modeste pierre de granit recouvre les restes du promoteur de ce vœu patriotique, M. l'abbé Guilgaud, l'un des quatre curés qui ont gouverné la paroisse pendant le XIXᵉ siècle.

Les écoles chrétiennes que nous trouvons en chemin lui doivent leur première installation ; ses deux successeurs, MM. Lemasurier et Villain, ont été appelés successivement à défendre leur existence.

A M. Guilgaud revient pour une large part, avec le concours de ses vicaires et les aumônes des paroissiens, la décoration de l'église ; son successeur, aujourd'hui archiprêtre de Mortain, a su continuer et perfectionner son œuvre.

Le portail de l'église nous reporte au temps du monument primitif, que l'architecture du temple actuel doit nous faire regretter. Là cependant, à nos pieds, se rencontrent les pierres tombales, qui formaient autrefois le pavé du chœur, de toute une dynastie de curés intelligents et apparentés aux artistes et amateurs les plus célèbres du XVIII° siècle, les MARIETTE (1). Le goût du temps, dans son horreur du gothique, en a induit bien d'autres en erreur.

Moins regrettable nous apparaîtra l'ornementation du sanctuaire, si nous faisons abstraction des couleurs trop vivantes qui lui ont été imposées. Le rétable, avec ses colonnes torses et ses sculptures fouillées, doit être le don des *patrons* de l'église, suivant l'usage qui leur réservait l'entretien du chœur. Un dossier des Archives de l'Abbaye nous indique en effet les dépenses de l'un des abbés commendataires du temps de Louis XV, pour la réparation du chœur de cette église et de celles de Bréhal, Villebaudon, Saint-Romphaire et Saint-Martin-le-Vieux (2).

Aux paroissiens, suivant les édits royaux (3), revenait l'entretien et, le cas échéant, la reconstruction des autres parties de l'église paroissiale. Deux fois, au cours du XVIII° siècle, les Hambyons furent obli-

---

(1) Les célèbres graveurs-géographes de Paris sont-ils réellement originaires de Hambye ? Les prénoms usités parmi eux, les alliances avec les familles de la contrée semblent l'indiquer. C'est chez eux que le Hambyon MARIETTE DE LA PAGERIE faisait imprimer sa *Carte du Diocèse de Coutances*, offerte en hommage à l'évêque Loménie de Brienne vers 1690. Toutefois, nos recherches ne nous ont pas permis, jusqu'ici, de fixer exactement le point de départ de la branche parisienne, établie dans la capitale dès le temps de Louis XIII.

(2) Archives de la Manche, II. 1320. — Parmi les églises dont le patronage appartenait à l'Abbaye de Hambye, se trouvait celle de Troisgots. C'est à ce couvent également que le chevalier Robert de *Tresgots* avait demandé les premiers moines « pour la fondation d'une maison religieuse » qui devint le *prieuré de Notre-Dame-sur-Vire*. Nous aimons à remarquer que, par une sorte d'échange, la paroisse de Hambye a reçu pour son dernier curé l'un des missionnaires attachés pendant de longues années au célèbre pèlerinage.

(3) Nous en avons cité plusieurs dans notre Monographie *de Saint-Jacques du Haut-Pas*, p. 63 et suiv.

gés d'obtempérer à cette nécessité. Le tonnerre, tombé une première fois, le 20 décembre 1729, sur la tour et l'église, les réduisit en cendres. Le *Général*, c'est-à-dire l'assemblée universelle des paroissiens, appelé à délibérer, consent à s'imposer le 14 mai 1730 ; et le 8 août suivant, un Arrêt du Conseil du Roi, daté de Compiègne, et signé d'Aguesseau (1), autorise l'adjudication des travaux faite à Gilles MARIETTE, entrepreneur, moyennant la somme de 3,790 livres à imposer en deux années consécutives « sur tous les propriétaires des maisons et héritages situez dans ladite paroisse, exempts et non-exempts, privilégiés et non-privilégiés, à proportion de ce que chacun y possède au pied de la perche. »

Le seul privilège du seigneur, qui était alors le duc de Valentinois, prince de Monaco, et de l'Abbé commendataire, fut d'avoir à payer plus que les autres, en raison de leurs possessions plus nombreuses, sans préjudice, nous l'avons vu pour le dernier, de la réparation du chœur qui lui revenait exclusivement.

Les dégradations du temps imposèrent d'autres sacrifices sous le règne de Louis XVI. Nous avons retrouvé aux Archives du Calvados *(Généralité de Caen)* tout un dossier sur l'église de Hambye. Nous en extrairons d'abord la description de l'église donnée dans un procès-verbal de visite des 29, 30 et 31 août 1776 :

La *nef* a 77 pieds de longueur, 24 pieds 4 pouces de largeur, le tout dans œuvre, et 18 pieds de hauteur, du pavé à l'arrasement des côtières. — Elle est éclairée par 2 petits vitraux au Nord et 3 au Midi.

La *chapelle du Saint-Sacrement* se trouve vis-à-vis de la nef, sur environ 15 pieds, compris l'épaisseur du mur de pignon de ladite chapelle au Couchant.

A l'opposé, vers le Nord, est la *tour*, dont l'arcade est beaucoup plus petite que celle de ladite chapelle. Elle a 12 pieds carrés dans œuvre, *voûtée en plein ceintre*, corps carré en maçonnerie de 80 pieds de hauteur, surmonté d'un dôme avec une lanterne au-dessus, laquelle est couronnée

---

(1) Archives Nationales. E. 1060, No 67.

d'un autre petit dôme ; — le tout composant un exhausse-
ment de 36 pieds, depuis l'arrasement du corps carré jusqu'au pied de la Croix.

Les experts chargés de cette visite proposaient la
reconstruction partielle des murs, l'ouverture de trois
baies de croisées de chaque côté de la nef et d'une
baie de porte dans le mur du midi, la réfection de la
couverture de la nef presque en entier, ainsi que des
réparations à la toiture des deux chapelles de la
Sainte-Vierge et du Saint-Sacrement : c'était une
somme de 10,391 livres qu'il fallait trouver. L'affaire
n'était pas encore réglée en 1784. Le 28 mars, à l'ins-
tigation du curé DURVILLE, le *Général* reprend l'examen de la question. Il reconnaît qu'il faut autre
chose qu'une réfection partielle : avec une population
de 4,500 à 5,000 habitants, l'augmentation des dimen-
sions de l'église s'impose. Le 12 juin 1785, on adopte
le projet de reconstruction de la nef, avec des *bas-
côtés* au *Midi ;* et au *Nord,* à la place du mur, l'édification d'arcades qu'on remplira provisoirement en
masse. Le 5 septembre 1786, Pierre GILLASTRE pre-
nait l'adjudication des travaux évalués à 20,000
livres, payables, un tiers en commençant, un tiers
au milieu de l'exécution, et le dernier tiers après
achèvement.

Le 19 août 1788, les membres de la *municipalité,*
d'institution récente, vérifiaient et arrêtaient définitivement le *Rôle de répartition* (1) des 21,953 livres 11
sols pour frais et accessoires de la reconstruction
« sur tous les possédants fonds au marc la livre de
la valeur annuelle des fonds de chaque particulier. »
L'Intendant de la Généralité de Caen l'avait rendu
obligatoire (2) conformément à l'Arrêt du Conseil du
27 mars 1787.

----

(1) Arch. Calvados. C. 1311.

(2) Il serait intéressant de citer les noms des propriétaires de
cette époque et des chiffres de leur imposition ; nous nous con-
tenterons d'indiquer ceux qui furent taxés au dessus de 100
livres :

. Alliet, sieur de la Claverie, 153 l. ; l'Abbé de Hambye, 395 l. 6 s.;

L'achèvement de l'église telle que nous la voyons aujourd'hui est l'œuvre du XIXᵉ siècle. Les bas-côtés du Nord furent construits en 1823, 1824 et 1825, d'après le *Livre Paroissial* conservé au Presbytère.

Un nouvel incendie, dû au feu du tonnerre, dans la nuit du 31 août au 1ᵉʳ septembre 1849, nécessita la réfection du sommet de la tour (1) ; c'est alors qu'avec le métal des cloches détruites par la foudre, les frères GRENTE donnèrent la sonnerie qui subsiste aujourd'hui (5 septembre 1850). Leur fonderie du *Hamel-Grente*, d'où sont sorties tant de cloches pour les églises de Normandie et des provinces environnantes, voire même pour le Nord de l'Amérique, a cessé ses productions quelque temps avant la naissance de celui de leurs fils qui écrit ces lignes. Donnons aussi un souvenir de famille à l'oncle qui a remplacé les quelques tableaux du Chemin de Croix consumés alors par le feu du ciel, l'abbé Ange Beaufils, décédé curé de Carquebut ; on lui doit également le tableau du Sacré-Cœur dans la chapelle du Saint-Sacrement.

Bastard les Jardins, 216 l. ; Baudri, avocat et notaire, 339 l. ; les chanoine et conseiller Bonté, 430 l. ; Callipel. sieur de la Fontaine, 378 l. ; Davency. sʳ des Monts, 204 ; Daveney, sʳ de Salneuve, 266 ; le Franc, sʳ du Bourg. 242 ; S. A. Mgr Grimaldy, prince de Monaco, 649 ; veuve Hurel et les enfants mineurs du sʳ de la Fourrière. 372 ; veuve Tison et les enfants mineurs du sʳ de la Rairie, 720 ; Tison, sʳ de la Rouidière. 243 ; veuve Tullier et fils du sʳ Tullier, avocat. 222 ; veuve du sʳ Alliet de Magnier. 128 ; Blouet, sʳ du Hamel. 174 ; les fils du sʳ Beaufils Laplanche, 133 ; Gilles Boullenger dit le Grand. 148 ; les héritiers de Joseph Callipel, 187 ; Pierre Carpon, 113 ; le sʳ Delarue, prêtre, 138 ; le sʳ Pierre Delarue. 161 ; les héritiers de Guillaume Daveney. 127 ; Etur, sʳ de la Foulerie. 131 ; le Franc. sʳ de la Pitouaserie, 106 ; le Franc Longprey. 152 ; Hébert Favries, 114 ; le sʳ Hébert. médecin, 99 ; le sʳ Laurent Jⁿ Jⁿ Hurel Champaigne, 156 ; le sʳ Gilles Fˢ Hurel Desvallées, 127 ; Joachim Hurel la Noë. 116 ; Jⁿ Jⁿ Hurel, sʳ de Longchamps, 111 ; Jean Hurel du Pavillon et ses fils, 130 ; Houssin, sʳ de Saint-Laurent, 160 ; Nicolas Moricet fils, feu Vilmandière. 114 ; veuve et héritier du sʳ Guillaume Le Bouillant. 124 ; Février et sa nièce, 108 ; J.-B. Franquet les Jardins, 151 ; les fils de Pierre Niobey-les Champs, 130 ; Nicolas Niobey, 106 ; les héritiers de Pierre Piron, 111 ; Roger Rousserie et consorts, 169 ; M. Vallois, 132.

(1) Le dôme actuel ne fut toutefois construit qu'en 1852.

Les statues *anciennes* du sanctuaire et des chapelles, et les deux petits saints qui se trouvent au-dessous de la tribune de l'orgue, Saint Gaud et Saint Thiébaud, doivent venir de l'église de l'Abbaye, suivant la Tradition. Elles purent être heureusement ravies au marteau des démolisseurs qui ne manqua pas de s'exercer ici comme ailleurs.

En vertu de l'arrêté du District de Coutances du 12 floréal an II, nous dit le rapport de l'agent national du 19 du même mois (1), l'inventaire du mobilier des églises de la commune fut fait très exactement, et la vente en fut fixée au 29 du même mois. « Tout ce que nous y avons trouvé de marque de fanatisme, ajoute-t-il, tels que les statues en pierre, nous les avons *fracassés*, de manière qu'on ne peut appercevoir aucuns signes de fanatisme. De plus il s'est *encore* trouvé aux environs de douze livres d'airain ou de bronze » : envoyé au magasin militaire. L'assistance de plus en plus nombreuse aux fêtes décadaires dans le *Temple de la Raison* permettait de se passer de tous les anciens *hochets de la superstition*.

Le maître-autel et les deux autels latéraux furent conservés par leurs acquéreurs, qui consentirent plus tard à les remettre à la Fabrique. Le désintéressement des *sauveurs* du maître-autel, les frères Guidon, valut à leur famille la concession perpétuelle d'un banc, à laquelle elle a renoncé depuis.

La poursuite du clergé fidèle avait, hélas ! accompagné ou précédé ces profanations, poursuite à la fois haineuse et intéressée : nous avons vu les actes de vente du mobilier des ecclésiastiques qui avaient préféré l'exil ou la prison au serment schismatique. C'est un devoir de reconnaissance de rappeler ici leurs noms : M. Bonté, chanoine, devenu à son retour, vicaire général de Coutances ; MM. Callipel et Baudry, anciens vicaires de Hambye, morts en exil, ainsi que M. Burnouf, jeune prêtre plein d'espérances : ordonné à Paris, il avait quelque temps

_____

(1) Arch. Manche.

exercé à Hambye pendant la Terreur, et s'était vu
obligé de partir pour l'Angleterre ; M. FOUBERT, mort
pendant sa détention au Mont Saint-Michel, le 5 août
1793 ; M. MARÉCHAL, revenu d'Allemagne après la Révolution, et mort à Hambye en 1855, âgé de 90 ans,
après avoir été curé d'Ouville, de Saint-Martin-de-
Cenilly et de Saint-Ebremond-de-Bonfossé ; M. HÉBERT,
ancien vicaire du Guislain, qui devait être curé de
Hambye de 1803 à 1814 ; M. BEAUFILS, vicaire et
instituteur à la Rondehaye, revenu à Hambye après
la Révolution, y mourut à 85 ans en 1813 ; M. DELA-
RUE, ancien prêtre habitué, mourut paralysé à la
Chasse-Loyère ; MM. PAYNEL et HERSENT, ordonnés
en exil, ainsi que M. HAVEL, plus tard vicaire de
Hambye, mort curé de Sourdeval-les-Bois en 1849.

Les paroissiens non plus n'étaient pas tous partisans des égarements de quelques-uns. A peine la
loi du 3 ventôse an III sur la *Liberté des Cultes* est-
elle votée, qu'ils s'emparent des clefs du Temple de
la Raison, et se mettent à sonner l'unique cloche
réservée pour les dangers patriotiques : l'Angelus se
fait entendre. Si l'on n'ose encore rétablir le culte
dans l'église, des *rassemblements* se font un peu
partout dans la paroisse, et les quelques prêtres qui
avaient su dissimuler leur présence, ne craignent
plus d'exercer publiquement leurs fonctions. Le maire
de l'époque s'en inquiète et demande quelle conduite
il doit tenir dans la circonstance (1).

La pacification de l'Ouest allait bientôt donner
raison aux courageux ecclésiastiques et à leurs partisans (2). Ils purent reprendre leurs fonctions au grand

---

(1) Arch. Manche.

(2) « M. Lebouvier célébrait le Saint Sacrifice au Hamel-Dolley... Les prêtres se réfugiaient, ou au village des Champs, dans
la famille Puisney, ou dans la famille Havel ; il y avait aussi à
la Vauterie une famille qui leur donnait asile. » (*Registre
paroissial*).
Le curé DURVILLE était mort en 1789. Un seul prêtre habitué
de la paroisse, M. FEUILLET, avait prêté serment par faiblesse ;
il fit amende honorable et reprit son ministère avant même la fin

jour, en se soumettant peut-être aux déclarations exigées alors des prêtres, et qui n'impliquaient nullement l'assentiment à la constitution civile légalement abrogée. Nous avons les actes de leur administration. C'étaient M. LEFRANC-RICHARDIÈRE, vieillard sorti des prisons du Mont Saint-Michel ; M. NIOBEY, nommé depuis professeur au Collège de Coutances, puis desservant de Pont-Brocard ; il devait revenir mourir à Hambye, le 11 juillet 1836 ; et MM. LEBOUVIER, de Montabot, et JARDIN, de La Bloutière, que les documents de l'époque nous montrent perpétuellement traqués par la gendarmerie du Directoire.

Les exploits des *Chouans* et surtout des *Chauffeurs* dans la contrée, sous la direction de l'ancien maître d'école de la paroisse, Hazard, et du fameux Grentes-sans-Chagrin, troublèrent quelque temps encore la contrée, ainsi que la reprise des hostilités par le chef normand de la rébellion, Louis de Frotté (1). Sa prise

de la Révolution. — Le curé *intrus*, CARRIÈRE, quitta son poste en 1792; son vicaire et successeur NICOLAÏ n'eut guère de succès à Hambye : le surnom de *grand Nicole haï* qu'on lui donnait communément suffit à le prouver. L'un des vicaires constitutionnels, ordonné par Bécherel. M. GARDIN, mérita, par son repentir, de rester comme vicaire à la reprise officielle du culte.

(1) Voici, d'après la brochure de M. Lair, maire de Coutances, sur le *Vicomte de Bricqueville*, quelques-uns des exploits dont la contrée fut alors le théâtre :

« Au mois de juillet 1795, de Frotté inaugura son commandement en faisant une pointe sur Gavray. Le 10 juillet, il campa dans la forêt, avec ses chasseurs du roi. Le lendemain matin, il força le pont de la Sienne, que les habitants du bourg avaient barricadé, où ils se défendirent et où ils perdirent deux hommes, le boulanger Loisel et un gendarme. Le bourg vit alors défiler les six cents vainqueurs, quelque peu dépenaillés. Il n'avait pas eu, sans doute, de spectacle aussi pittoresque, depuis le jour où Lafontaine-Rigaudière avait passé par là, en 1639, avec ses *Nu-pieds*, la veille de la foire Saint-Luc. — De Frotté établit un instant son quartier-général dans l'ancienne vicomté, où les de Brébeuf, de la famille du poète, avaient longtemps rendu la justice. Le soir, après avoir enlevé les armes de la garde nationale

au guet-apens d'Alençon et son exécution à Verneuil, consacrèrent l'avènement audacieux et libérateur de Bonaparte. Le pays avait trop besoin de calme pour résister à un tel guerrier.

_____

et les chevaux de la gendarmerie, il s'éloigna par les mauvais chemins et alla coucher à l'abbaye de Hambye.

» L'hiver suivant, le comte de Ruays, commandant de la division d'Avranches, guidé par Le Poitevin du Moutier, commandant en second de la division de Coutances, voulut « tâter » le canton de Saint-Denis-le-Gast, réputé à tort favorable à la Chouannerie. Le 19 février 1796, il occupa sans coup férir le bourg de Hambye où il fit abattre l'arbre de la liberté et enlever le bonnet phrygien, au chant du refrain connu :

> Arbre de misère,
> Bonnet de galère,
> Plantés par des brigands,
> Abattus par les chouans.

» La poésie laissait à désirer, mais l'intention était évidente.

» Dédaignant le vieux château des Paynel, alors intact, le château dont François I⁰ʳ avait été l'hôte et dont M. Vacquerie, dans _Les miettes de l'histoire_, a écrit la légende, il s'établit fortement au modeste manoir de la Colombière, avec l'intention de rayonner dans les environs.

» Le lendemain, au point du jour, il parut au bourg de Saint-Denis-le-Gast, où il voyait un dépôt d'armes à enlever et des caisses publiques à piller. Accueilli à coups de fusil par la garde nationale, il rebroussa chemin, fut poursuivi, mais fit brusquement volte-face à l'avenue du château de Saint-Evremond et dispersa les assaillants. Alors, à titre d'exemple, il lança autour de lui des batteurs d'estrade. On peut les suivre à leur trace sanglante de village en village. A _La Gentilerie_, Lefranc est considéré comme l'âme de la résistance : fusillé dans sa maison. Aux _Camps-de-la-Cour_, Quesnel est rencontré porteur d'une canardière : fusillé au pied d'une haie. A _La Davière_ (Hambye), Baudry refuse de servir de guide : fusillé dans un chemin. On ne parle pas ici des blessés.

» Ces rigueurs n'intimidèrent point les habitants. La nuit suivante, ils se joignirent à un bataillon de la garnison de Coutances, sous les ordres du commandant Guibert, et marchèrent avec lui à la Colombière. Après une vive escarmouche, les « rebelles » se retirèrent, emportant leurs morts. »

Lorsque la Restauration ramènera la paix, qu'on croira éternelle, les Hambyons n'hésiteront pas à signer, au nombre de 447, comme beaucoup d'habitants des autres communes de France (1), une adresse d'amende honorable au Roi pour les outrages contre la monarchie et l'attentat du 21 janvier 1793 (mort de Louis XVI).

Ce serait une erreur de croire que les plus chauds partisans de la Révolution, ici comme ailleurs, aient été les victimes infortunées du régime féodal. Le nom des organisateurs du mouvement, et ce que nous savons de leur fortune et de leur position sociale, nous autorise à affirmer le contraire. Déjà nous avons remarqué la richesse foncière d'un certain nombre de *sieurs* des différents *manoirs* de Hambye. Mais la masse des cultivateurs de l'époque, quelle était exactement sa situation ? Quelques documents émanés des archives des tabellionnages de la contrée, et chacun peut en retrouver dans sa famille, répondront mieux que toute dissertation à cette question.

Hambye était partagé, pour les redevances seigneuriales, entre le Château et l'Abbaye. De temps à autre, les *tenant-fiefs* devaient à leur seigneur l'*aveu* de leur *tènement*. Voici quelle en était la formule : elle n'a pas varié depuis le moyen-âge jusqu'à l'abolition de la féodalité.

Du Très-Haut et Très-Puissant Seigneur Mgr François-Léonor Grimaldi, duc de Valentinois, pair de France, etc., — auquel lieu de Hambye il tient franchement et noblement à gage-pleige cour et usage... Nous... confessons et avouons tenir en foy et par homage de mond. seigneur en sudits terre et chatellenie de Hambye, au trait du Moutier les fiefs Richard Lejol et Colin Lenouvel... à cause de quoy nous reconnaissons devoir... devons guet et garde au chateau de mond. seigneur ainsi qu'il est accoutumé. Sommes sujets de la bannalité des moulins de lad. sieurie pour y porter nos grains moudre et au chariage des meules dyceux autant que le même moulin de Mauny et à celluy de la Chaussée, en la compagnie des autres hommes. Item il est deub le cas

(1) Arch. Nat. F¹ⁱ III. Manche. 9. Année 1816.

offrant reliefs treizièmes et les aides coutumières et dans la
comparance aux plaids, gage-plaige, cour et juridiction de
cette chatellenie.

La rente indiquée dans chaque aveu comprenait,
suivant l'importance du fief, une somme relativement
minime d'argent, et des redevances en nature :
chapons, gelines, pains, etc. Ces usages existent
encore dans un certain nombre de nos baux. Les *aides-
coutumières* étaient-elles bien plus pénibles que la
prestation actuelle, ou les centimes additionnels dont
nous sommes accablés ? Quant à la comparution aux
assemblées juridiques du Seigneur, l'excuse était facile-
ment admise, et le remplacement possible ; dans
tous les cas, il n'était pas comparable, pour certains
propriétaires, aux dérangements causés par les fonctions de *juré*.

A ces redevances seigneuriales il faut ajouter la
dime en nature cueillie sur les récoltes. L'entretien
de la Cure était presque exclusivement lié à cette
perception ; le reste faisait partie des revenus de
l'Abbaye. Pour la perception, la paroisse était parta-
gée en un certain nombre de *traits* : c'étaient ceux du
Moustier, des Champs de Hambye, du Mesnil-Gon-
froy, du Bourg et de Trouët, ce dernier réservé à la
Cure pour la portion congrue du titulaire. Le produit,
au commencement du XVIIIᵉ siècle, en était estimé
à 3,200 l. par an pour l'Abbaye : il y avait 18,000
gerbes de froment, seigle, avoine et orge, 3,000 serres
de lin, environ 200 l. pour les pommes, et 120 livres
sur les brebis et agneaux, à raison de 1 sol par brebis
et 2 par agneau (1).

Le paiement de tous ces droits réduisait-il nos
ancêtres à la misère ? Les actes des partages qui
s'opéraient alors, les contrats de mariage, les titres
patrimoniaux des ecclésiastiques, ne le laissent guère
supposer. Voici deux de ces derniers documents ; ils
sont en tout semblables pour la moyenne des fortunes
du pays, et cela pour les trois siècles qui précèdent

(1) Arch. Manche. II. 1120.

la Révolution, en ayant soin de tenir compte de l'augmentation de valeur de l'argent, qui avait à peu près triplé de la fin du seizième à la fin du dix-huitième siècle.

En faisant et traictant le mariage qui au plaisir de Dieu sera fait..... après que lesd. parties se sont promys foy de mariage lun à lautre, a esté promys et accordé auxd. experez mariez, pourveu que led. mariage soyt parfait et accomply suyvant les status et ordonnances de n^{re} mere saincte Eglise cathollique, apostollique et romaine, pour le dot heredital de lad. fille par Guilleaume, Gilles et Mathieu, ditz N... freres de lad. fille, pour eulx et stipullantz pour leurs autres freres, le nombre de huit livres tournois de rente ypoteque raquittable par quatre-vingt livres, de laquelle rente lesd. donnateurs se pourront descharger à deulx foys ; — et pour son dot mobilier ung lict garny de plume, trayersin, oreillers, courtine et rideaux et une serge et une couverture de baillin ; — *Item* ung coffre du boys de chesne bon et sufisant fermant a clef, avecques ung escrain ainsy que lad. fille le peult avoir ; — *Item* deulx robbes de drap de coulleur de morquin avecques ung cotillon taint en bleu avecqués une brasierres ; — *Item* une vache et une suite venant a deulx ans avecques huit bestes allaine bonnes et sufisantes, une poisle dairain du cours de huit livres, ung pot de fer vallant trente soulz, avecques ung pot, une carte, deulx plats, huit escuelles, huit assiettes, le toult destain bon et sufissant, et ce que lad. fille peult avoir de complementz servantz a son usage de présent, et du linge a la vollonte de la mere et des amyes de lad. fille ; le toult fait en la presence et du consentement de..... (*10 mai 1614*).

Voici maintenant un titre clérical, c'est-à-dire la fixation de la rente annuelle que l'Eglise exige des ecclésiastiques avant de les admettre à l'engagement définitif du sous-diaconat. Elle n'a jamais voulu que ses prêtres pussent être exposés à la misère, dans le cas où il leur serait impossible de remplir plus tard une fonction capable de fournir à leur entretien matériel. C'est par exception qu'en temps ordinaire elle ordonne des sujets *ad titulum paupertalis*.

21 novembre 1630 : à Hambye après midi, devant lesd. tabellions.

Venerable et discrepte personne Me Pierres Mariette, p^{bre}

cure du Guilloing, hon. hommes Michel et Jean Mariette freres, de la paroisse de Hambye, lesquelx sans contrintes, sans division ny ordre de discussion, recongneurent avoir donne et par ce p^nt donnent gratuitement, par forme de tittre, a Me Guill. Mariette a ce p^nt dud. lieu de Hambye, desirant par la grace de Dieu recepvoir les saincts ordres et parvenir a estre p^bre et dire et celebrer sa saincte Messe, le nombre de soixante livres de rente ypoteque a avoir et prendre perp^t chaq. an au terme Saint Michel de septembre sur tous les biens et heritages dud. sieur cure et Michel et Jean Mariette et jusques a ce que led. Me Guillaume Mariette soyt beneficye de ycelle somme de soixante livres de rente ou plus, laquelle rente ne commencera a courrir que lorsque led. Me Guill. Mariette aura dict et celebre la saincte Messe. Et est ce fait pour la bonne amytye que lesd. sieurs Cure Michel et Jean Mariette ont dict porter aud. Me Guill. Mariette, et pour estre particippants a touttes les prieres, messes, sufrages et oraisons qu'il fera estant parvenu a lestat sacerdotal.....

Nous nous attardons à parler de nos bourgeois de Hambye à propos de la visite de l'église paroissiale. N'était-ce pas, en effet, le centre de la vie *municipale* aussi bien que de la vie chrétienne. C'était là que se rendait, devant l'assemblée générale, le compte des recettes et dépenses du *Trésor* paroissial administré par les marguilliers désignés par le suffrage populaire (1) : la législation des Fabriques, due au premier Consul et à l'Empereur, a enlevé au *Général* cette connaissance des deniers paroissiaux pour les confier

---

(1) M. Armand Le Brun, l'aimable archéologue de la *Monnerie*, en Saint-Denis-le-Gast, nous communique un vieux manuscrit contenant l'énoncé des rentes dues pour les *fondations* au *Trésor* de Hambye, dans l'exercice 1657-58. Ce document doit provenir d'un des propriétaires de la Monnerie, M. Blouet d'Uranville, conseiller du Roi au Présidial de Coutances, descendant du *trésorier* de Hambye de cette époque.

Nous y trouvons, parmi les *fondateurs* ou leurs ayant-droits, la plupart des noms de famille encore connus à Hambye. Nous relèverons les noms suivants, moins connus aujourd'hui : de Beaufils, s^r de la Foulerie, gouverneur du château de Hambye ; Tollemer, verdier des bois de Hambye ; Auvrey, écuyer, s^r de Coquerel ; Louis Picquelin, curé de Hambye ; Joachim de Verol ; Bouhours ; Gilles Le Tellier, écuyer ; Robert Espaulle, prêtre.

à quelques notables : l'intérêt que tous portaient aux affaires communes n'en a-t-il point diminué ?

C'était à la sortie de l'église, à l'issue de la messe de paroisse, que les agents du ministère public faisaient aussi toutes les proclamations officielles de ventes, échanges, etc.

Aujourd'hui le siège de la vie *municipale*, distinct de la vie *paroissiale*, s'est déplacé ; il faut aller le chercher à la *Mairie*.

LE BOURG

De l'église nous retournons à la grand'route pour la suivre jusqu'au Bourg, à travers le village de la Chaussée, sur un parcours d'un kilomètre.

A la Croix-Beaufils, élevée à l'entrée du cimetière, vient aboutir un passage ombragé, la RUE-MOINE, dont le nom rappelle l'origine du village du *Moutier*, sans doute appelé ainsi parce qu'il était la résidence des moines envoyés à l'origine par l'Abbé pour l'administration de la cure.

Au bas de la côte, nous pouvons saluer l'unique entreprise industrielle actuelle de la commune, la scierie mécanique de M. Burnel, remplaçant l'ancien moulin banal des seigneurs de Hambye ; la chute d'eau qui l'alimente sert en hiver à procurer l'éclairage électrique aux *bourgeois* de l'endroit. A gauche, en montant, une longue *chasse* ombragée conduit au manoir de M. Carpon, qui commande à de vastes prairies.

Le *Bourg* n'est qu'une large rue formée par le croisement des routes de Saint-Lo à Villedieu, et de Coutances à Saint-Sever. Plusieurs des maisons ont conservé leur antique toit de chaume ; la Mairie, récemment édifiée, les Halles et l'Ecole communale de garçons n'ont rien de monumental.

Dans le haut à droite, au-dessus du jardin du docteur Quesnel, un pan de mur attirera nos regards par de légères consoles reliées par des arcs en tiers-point (ou *ogives*) : ce sont les restes des voûtes des caves du château, nous pourrions presque dire les uniques restes d'une des plus imposantes forteresses féodales de la Basse-Normandie.

Le château

Là-haut, sur le tertre entouré d'eau par tous les autres côtés, se dressait la demeure d'un chef normand de l'invasion, BIER, d'où le nom de Hambye, ou *forteresse de Bier*.

Sur les collines voisines, des redoutes d'avant-garde devaient défendre l'entrée des vallons, route alors préférée des troupes lourdement harnachées. Les noms des *Hamels* que nous y retrouvons rappellent peut-être les compagnons fidèles qu'il y avait établis : à l'ouest, en avant de l'église, le *Hamel-Marie*, au-dessus du confluent de la Sienne et de la Hambyotte ; au sud, dominant l'Abbaye, le *Hamel-Aubert* et le *Hamel-Dolley* ; à l'est, entre la Doquette et le ruisseau du Bois, le *Hamel-Grente* ; plus loin encore, le *Hamel-Leboullenger*.

L'histoire nous donne des documents sérieux sur les seigneurs de Hambye à partir du XIIe siècle. Ce sont les PAINEL (*Paganelli* en latin), qui l'habitent après la conquête de l'Angleterre. Compagnons de Guillaume le Bastard, ils ont reçu en récompense nombre de fiefs en Grande-Bretagne et des terres et manoirs non moins prisés dans la Basse-Normandie. Leur famille (1) se retrouve dans toutes les places-fortes du Cotentin. Ce sont eux qui gouvernent et défendent à l'occasion les châteaux royaux ; et quand vient la guerre de Cent-Ans, on les retrouve partout, plus ou moins heureux, il est vrai, en face des Navarrais et des Anglais.

---

(1) Parmi les matériaux qui pourraient servir à raconter leur histoire, il en est un bon nombre qui se trouvent dans le Chartrier de l'Abbaye de Hambye, dont ils ont été les fondateurs et les insignes fondateurs. L'*Inventaire des Archives de la Manche*, publié par M. Dolbet, mériterait d'être consulté à ce sujet. Signalons, sous la cote H. 4309, un registre en papier très intéressant, qui renferme, avec un extrait du *Chartrier* et de l'*Obituaire* de l'Abbaye, quelques extraits des Archives, aujourd'hui disparues, de la Châtellenie de Hambye : les alliances et les héritages de la famille des *Painel*, et des d'Estouteville leurs successeurs, s'y trouvent très souvent donnés avec un détail suffisant.

2

Dès le début de la grande guerre, Hambye est le théâtre de la lutte. La vallée de Sienne aura plus d'une fois à souffrir du passage des belligérants. Voici, d'après la *Chronique Normande du XIVe siècle*, sous la date de 1356, le récit d'une des batailles de l'époque. Il a son importance pour l'indication de la situation réciproque des ennemis qui devait durer jusqu'aux victoires de Duguesclin. Peut-être fixerait-il aussi un point d'histoire peu clair pour le château voisin de *Mauny* : ce nom aurait précédé l'arrivée d'Ollivier de Mauny, cousin du grand héros, au lieu d'avoir été imposé par lui :

Phelippe de Navarre et ses aliez faisoient guerre, et prindrent les Navarrois la forteresse de *Hambuie*. Et lors vint demourer Nicole Painel, frère du sire de Hambui, et ses plus prochains amis à *la Rochetesson* et guerrièrent fort les Navarrois de *Hambuie* et de *Gavray*. Un jour avint que Nicole Painel ala chevaucher vers Gavray à tout environ quarante combatans, et trouva de ceulz de Gavray et y en eut de prins. Et lors le cappitaine de Gavray en oy les nouvelles, et tantot monta à cheval et poursui le dit Nicole Painel et ses gens à tout bien quatre-vingts combatans, et tant que il les trouva à un lieu que on nomme *Mauny*. Et là descendirent à pié l'une partie et l'autre, et vindrent combatre très durement les uns aux autres, et en la fin furent les Navarrois desconfiz et la greigneur partie prins et mors en celle besoingne.

Il paraît que l'ennemi fut éloigné assez rapidement (1). Nous voyons Guillaume Painel, rentré à Hambye, signer dans son château une quittance à la date du 16 juin 1358. La lutte reprend bientôt ; Duguesclin et Philippe de Navarre guerroient aux environs de Gavray au mois d'avril 1363. La victoire de Cocherel est le prélude de la soumission de toutes les places de la Basse-Normandie. Le traité de Saint-Denis ou de Pampelune (mars-mai 1365) met fin aux hosti-

_____

(1) Nous résumons ici les passages de notre *Villedieu-les-Poîles*, où nous avons raconté les luttes dont fut témoin le centre du Cotentin pendant la Guerre de Cent-Ans (Tome I, Chapitres IV et VI).

lités. Parmi les châteaux que devait recouvrer Charles V ou ses vassaux, sont mentionnés spécialement (1) ceux de Hambye et de Bricquebec et leurs appartenances..... « sauf le droit de lomage et les autres droiz que le dit roi de Navarre puet et doit avoir ès diz lieux et ès appartenances ».

Une nouvelle guerre en 1377 et 1378, où l'armée royale, commandée par Duguesclin, fut secondée par toute la noblesse de la contrée, amena le démantellement de plusieurs places du Navarrais, entre autres d'Avranches, Mortain et Gavray. Quelque temps auparavant (octobre 1375), Duguesclin avait reçu du roi le château de la Roche-Tesson, confisqué sur Jean de la Roche-Tesson, l'un des trois seigneurs décapités à Paris en 1343 pour avoir pris part à la trahison d'Olivier de Clisson (2).

Après la mort du roi de Navarre (1er janvier 1387), les seigneurs du Cotentin ont à lutter contre l'invasion de l'Anglais Arundel ; Carentan lui résiste : il a pour commandants les sires de Hambye et de Courcy. La trêve conclue à l'occasion du mariage de la fille de Charles VI amène la restitution de Cherbourg, dernière place restée aux Anglais, entre les mains des envoyés du nouveau roi de Navarre.

Le seigneur de Hambye, Guillaume Painel, rendit un hommage, le 20 novembre 1394, pour « toutes les terres que soulloit tenir le Roy de Navarre. » Nous en extrairons les passages qui concernent plus particulièrement Hambye. On y verra les traces de bien des usages, déjà qualifiés d'antiques, qui n'ont pas encore disparu, et d'autres qui furent observés jusqu'à la Révolution.

Le fief, chastel et seigneurie de *Hambuie*, avec ses appartenances, avait son *chef et chastel ancien* assis en la paroisse de Hambuie, et s'étendait sur les paroisses de Bréhal, Hudimesnil, Cérences, Bourey, le Loreur, Courtilz, Saint-Loup, Hauteville, et autres.

(1) Arch. Nat. J. 617,31.
(2) Mandements de Charles V, Nos 1176 A. et 1770.

C'était un fief de haubert, tenu franchement et noblement, à court et usaige, à gaige et pleige, avec
moyenne et basse justice. Il avait plusieurs droits
d'églises et de bois qui n'étaient à tiers ni à dangier,
garennes à l'eau et garennes à la terre, tentes à fau-
cons, marchés accoutumés audit lieu de Hambye le
mardi de chaque semaine, et deux foires par année,
le jour de la Nativité de Saint Jean-Baptiste et le jour
de Saint Jean l'Evangéliste. Droits sur le marché de
Bréhal chaque mardi et sur la foire qui s'y tient le
mardi de la Pentecôte. Patronage (droit, entre autres,
de nommer le curé) sur les églises de Bourey et de
Saint-Loup, et par moitié pour celle du Loreur. Droit
de nommer un religieux à l'Abbaye, et de choisir et
prendre en icelle un ou deux religieux, hors l'abbé,
le prieur et le sacristain, qui sont tenus de venir
demeurer en une maison (1) à ce accordée auprès du
chastel de Hambye, pour en servir la chapelle et y
dire chaque jour une ou deux messes, le tout sans
aucune rétribution, ce droit venant de la fondation de
l'Abbaye.

En échange de tous ces droits, Painel devait au Roi
« pour la guerre » une somme de 39 sols (2) par an,
payables à la Saint-Michel, cueillis et levés, tant sur
ses hommes de la paroisse de Hambye, que sur les
hommes de l'Abbé et Couvent de ce lieu, par la main
de son prévôt qui payait à la Recette du Roi à Gavray.
Et par ce, lui et lesdits religieux et les hommes
demeurant audit lieu, avaient franchise et quittance
aux foires et marchés du Roi, suivant l'usage et cou-
tume antique.

Si nous rapprochons les droits et devoirs de cet
hommage des termes de l'aveu des vassaux de Ham-

------

(1) Sans doute l'endroit voisin du bourg, appelé *la Prieurée*.
(2) D'après les recherches de M. de Wailly, la livre tournois
de cette époque valait une dizaine de francs de notre monnaie
actuelle. Quant à la valeur relative de l'argent à cette époque, il
faudrait encore pour l'obtenir multiplier par cinq. Ce serait donc
une valeur d'environ 100 francs d'imposition qui aurait été due
par le fief de Hambye pour le droit de guerre.

bye à leur seigneur, nous pourrons nous convaincre une fois de plus que les impôts et redevances de cette époque n'étaient pas aussi écrasants qu'on s'est plu à le supposer. L'augmentation des possessions des Painel, et après eux des d'Estouteville et de leurs successeurs, ne fut jamais une cause de pressurer davantage leurs sujets. Peut-être d'ailleurs valait-il mieux sous l'Ancien Régime, comme en d'autres temps, dépendre des grands seigneurs que des petits hobereaux !

La tranquillité ne fut pas de longue durée dans le pays. Avec la défaite d'Azincourt, c'est l'invasion et l'occupation de l'ennemi pour de longues années qui recommencent. Avant Pâques de 1418, tout le Cotentin, sauf Cherbourg qui résista jusqu'au 22 août, était entre les mains des Anglais. Les seigneurs d'outre-mer s'étaient partagé les domaines ; le comte de Suffolk se fit adjuger Hambye et Bricqueville.

Obligés de céder devant la force, les Painel de Hambye et autres lieux se réfugient au Mont Saint-Michel, qu'ils vont défendre jusqu'à la libération complète du territoire. Cette résistance héroïque a été bien des fois racontée. Siméon Luce reprenait, il y a dix ans, ce récit avec son amour du pays natal, et nous faisait admirer les prouesses des *Payneaux* et de leur gendre et futur héritier *Louis d'Estouteville*.

Il n'entre pas dans notre cadre de résumer, même à grands traits, cette période glorieuse de l'histoire des Seigneurs de Hambye. Y aurait-il eu une ombre dans la question d'héritage de Jeanne Painel, fille du dernier Painel de Hambye ? L'abbesse de Saint-Désir de Lisieux, qui rendait hommage pour son Abbaye en 1453, serait-elle la riche héritière qui aurait dissimulé son évincement par la profession religieuse ? M. Siméon Luce a étudié cette question dans un Mémoire sur le séjour de Jehanne Paynel à Chantilly (*Académie des Inscriptions et Belles-Lettres*, 1892) : nous ne pouvons qu'y renvoyer nos lecteurs.

Louis d'Estouteville eut plus d'une fois l'occasion de s'approcher de Hambye dans les chevauchées qu'il

entreprit contre les Anglais possesseurs des châteaux
du Cotentin. Il ne devait en prendre possession qu'a-
près avoir bouté l'ennemi hors de France. Le Château,
comme l'Abbaye, furent l'objet de ses soins et de
ceux de son épouse, qui avait partagé ses travaux au
Mont Saint-Michel. Dérédée vers 1456, Jeanne fut
enterrée au milieu du chœur de l'église abbatiale ;
Louis d'Estouteville vint l'y rejoindre le 21 août 1464 :
une large pierre tombale avec une inscription margi-
nale en français indiquait leur tombeau ; elle a disparu comme les autres à la Révolution sous le marteau *fracasseur* des insignes de féodalité.

L'histoire des D'ESTOUTEVILLE nous entraînerait
souvent loin de Hambye. Alliés aux plus grandes
familles, cousins même du roi Charles VII, ils vont
bientôt disparaître en léguant leurs droits et héritages à des familles princières. Leur maison a maintenant un généalogiste autorisé : M. Gabriel DE LA
MORANDIÈRE (1). De près comme de loin, ils conti-
nuèrent à jouir de leur fief de Hambye, sans que rien
fût changé au sort de leurs vassaux. La visite du roi
François Ier, le séjour plus prolongé de la duchesse
Adrienne de Bourbon, purent rappeler les temps de
l'occupation féodale ; les obligations militaires des
Hambyons n'eurent du moins plus grande difficulté
à s'exercer.

Parmi les hommages que les d'Estouteville eurent
à rendre aux rois de France, nous avons recueilli l'un
des premiers : il est du 1er mars 1456, presque iden-
tique dans les termes à celui de 1394 pour la châtellenie de Hambye. L'union de tous les héritages des
Painel entre les mains de Jeanne, épouse de d'Estouteville, avait amené une augmentation de valeur à ce
fief. Le fief, terre et seigneurie du MESNIL-SERAN
(Mesnil-Céron, à Percy), par un fief et demi de haubert à gage-pleige, court et usage, avait apporté à la
seigneurie de Hambye le droit de *haute-justice* qu'elle

(1) *Histoire de la Maison d'Estouteville en Normandie.* Paris,
Delagrave, 1903.

n'avait pas précédemment. Nous apprenons que le château de Mesnil-Céron avait été abattu « par le temps des guerres anciennes » (1). Il y avait là une chapelle sans cure, dont le titulaire était à la nomination du seigneur. — De ce fief dépendait le fief de MAUPERTUIS, occupé alors par Fouques de Campront, écuyer. — Le fief de Maupertuis avait comme arrière-fief la VARABLIÈRE, de Percy, aux mains des héritiers de Jean Le Tellier. Si nous y joignons la suzeraineté sur les paroisses indiquées plus haut, et la seigneurie de Moyon, nous voyons que toute la contrée environnante se trouvait alors entre les mains de la même famille.

Voici un rapide exposé de la transmission de la châtellenie de Hambye aux diverses familles qui en devinrent seigneurs. Louis D'ESTOUTEVILLE avait épousé, dès 1419, Jeanne Painel, successivement héritière de tous les *Paineaux*. Adrienne, duchesse d'Estouteville, dame de Hambye, née le 20 octobre 1512, épouse, en 1534, François DE BOURBON, prince du sang, comte de Saint-Pol, gouverneur du Dauphiné. La seigneurie d'Estouteville est érigée pour eux en *duché*. Leur fille, Marie de Bourbon, mariée plusieurs fois, épouse en troisième lieu Léonor D'ORLÉANS, duc DE LONGUEVILLE, et lui apporte le duché d'Estouteville qui reste dans la famille jusqu'en 1707, où, par la mort de Marie D'ORLÉANS, il passe à Jacques Goyon III, petit-fils de Charles DE MATIGNON, comte de Torigny, et d'Éléonore d'Orléans-Longueville. Le fils unique de ce Jacques III de Matignon et de Charlotte Goyon de Matignon, Jacques-François-Éléonor, né à Torigny le 22 novembre 1689, qui a suivi les campagnes de la fin du règne de Louis XIV comme colonel, puis maître-de-camp, épouse à Monaco, le 20 octobre 1715, Louise-Hippolyte GRIMALDI, fille d'Antoine Grimaldi, prince de Monaco, duc de Valentinois et pair de

(1) Il en était de même du château de la HAIE-PAISNEL, fieffé par le seigneur de Hambye à Jean de Mauny : il était « en ruyne et démolicion par la fortune des guerres. »

France, et par ce mariage est appelé à recueillir les titres de son beau-père.

Son fils aîné, Honoré-Camille-Léonor, fut le premier et dernier PRINCE DE MONACO qui put jouir des revenus de ses nombreux titres. Emprisonné sous la Révolution à Paris, qu'il n'avait pas quitté, il y mourut, âgé de 75 ans, en son domicile de la rue de Varennes, le 28 floréal an III (mai 1795). Ses deux fils, Honoré-Anne-Charles-Marie et Jérôme-Marie-Honoré, obtinrent, sous le Consulat, sa radiation de la liste des émigrés dans la Manche et la Seine-Inférieure, et la restitution de ses biens. Après diverses vicissitudes, ces biens, et notamment le château de Hambye, devaient être vendus définitivement, vers 1825, à des acquéreurs qui ne surent pas comprendre la valeur archéologique du monument.

En présence des quelques pans de murs qui nous en restent, nous ne pouvons mieux faire que de lire la description qu'en donnait le *Dictionnaire d'Epilly* en 1764 :

Il y a un château très ancien garni de tours avec un donjon bâti par les Anglois. Tout l'édifice est sur un roc. Dans la cour est un puits fort large, et de plus de cent pieds de profondeur. Il ne tarit jamais. Il est taillé dans la roche, et donne une prodigieuse quantité d'eau. On prétend qu'il a coûté des sommes immenses à faire. La chapelle du château est dédiée à Saint-Nicolas. C'étoit autrefois un Religieux de l'Abbaye qui en étoit chapelain. On vante beaucoup les souterrains de ce château, ses caves taillées dans le roc, une salle voûtée qui est au-dessus, et des écuries encore au-dessus de cette salle, qui est d'une structure gothique et très belle. Au bas du château est un bel étang..... Le territoire du bourg dont il s'agit est fort étendu, puisqu'on assure qu'il a sept lieues de tour ; c'est parce que les maisons y sont fort écartées, et les jardins ou enclos fort spacieux. La rivière de Soule ou Sioule et le ruisseau appelé l'Hambiote y passent.

La seigneurie de Hambye est une ancienne baronnie et plein fief, duquel relèvent plusieurs autres fiefs considérables. Le fief de Hambye vaut lui seul plus de 15 mille livres de rente. Il appartient à la maison de Matignon, qui l'a eu de celle de Longueville.

Nous donnons sur la couverture (1) la reproduction d'une gravure des ruines du château avant leur complète démolition ; on y aperçoit encore la tour de l'Est, dite *Tour de Moyon*, qui avait vue sur le bourg (elle devait sans doute ce nom à son orientation vers la seigneurie de ce nom), et la tour de l'Ouest ou *donjon*, remarquable par la solidité de sa construction. L'emplacement du puits est occupé aujourd'hui par un pommier. Le plan du château peut encore se retrouver avec un peu d'attention. Quant à l'étang dont il est question, et qui devait entourer le monticule, les digues en ont été rompues, et les ruisseaux qui le formaient laissés à leur libre cours.

Terminons cette visite par la légende du pays. Trois demoiselles très riches voulurent s'immortaliser chacune par une œuvre indestructible. L'une bâtit l'Abbaye, l'autre le Château, et la troisième fit creuser le puits ; ce fut cette dernière qui se ruina la première, tant il fallut creuser avant ! Jamais on n'entendait le bruit de la pierre qui parvenait à en toucher le fond.

(1) Nous devons tous nos remerciements à M. l'abbé LIEUBRAY, professeur au Collège de Saint-Lo, qui s'est chargé gracieusement de la préparation des planches destinées à illustrer cette brochure.

L'Abbaye

En quittant les restes informes du manoir féodal pour aller visiter les majestueuses ruines de l'antique Abbaye, nous gravissons la pente d'une des collines qui enserrent la pittoresque vallée de la Hambyotte, rendez-vous, quand vient l'automne, des chasseurs aventureux et des pêcheurs désœuvrés. Si le temps le permet, rien de plus agréable que de suivre le cours de ce ruisseau aux nombreux méandres jusqu'à son confluent avec la Sienne, au village de la Basse-Vente. De là, on peut, en remontant le cours de la rivière, arriver au Pont de l'Abbaye, juste au point où la route de Villedieu conduit les voitures qui arrivent du bourg.

Pour une première visite, il est préférable de prendre cette dernière route. On peut encore contempler quelque temps en arrière le toit rouge qui rappelle l'emplacement du château, tandis que sur la colline de droite se dresse imposante la tour de l'église paroissiale.

Lorsque la côte se trouve gravie, le paysage change subitement d'aspect. A la vallée étroite succède tout à coup un immense panorama formé de successions sans fin d'horizons entrecroisés. Au fond du ravin, la Sienne avec ses chutes d'eau artificielles, qui font croire à de nombreuses cascades mugissantes. A droite, le clocher de Saint-Denis-le-Gast domine l'échappée superbe sur les côteaux du Val de Sienne. En face, le clocher de la Haye-Comtesse ; puis, au-dessus, les hauteurs de Froide-Vallée et du Mesnil-Bonnant, avec le gros hêtre séculaire.

Tandis que l'on descend la longue côte sinueuse, les yeux ne peuvent se détacher de cet ensemble de beautés impossibles à décrire : spectacle bien digne par lui-même d'une visite prolongée. Toutefois le rocher boisé de gauche nous dérobe soigneusement le but désiré surtout de notre excursion. Il faut arriver au niveau même de la rivière pour apercevoir subitement l'église de l'Abbaye.

Avant de franchir la faible distance qui nous en

sépare, traversons le pont, et avançons sur la route jusqu'à ce que nous arrivions dans l'axe même du monument. Quelle élégante audace dans ces hauts murs de la nef, presque sans contreforts, dans ces colonnes élancées du sanctuaire! Quelle harmonie dans cette croisée que dominent les restes de son antique tour, dans ces fenêtres si gracieuses et si simples de l'abside !

Nous aimerons à revenir à cette vue d'ensemble lorsque nous aurons examiné les détails de chacune des parties.

On entre à l'Abbaye par une porte romane au-dessus de laquelle se voient les traces de l'écusson des Painel, fondateurs du Couvent. A travers un plant de pommiers dirigeons-nous vers l'église.

Le portail a disparu depuis de longues années. Les restes des murailles de la grande nef suffisent encore à nous permettre de reconstituer par l'imagination cet élégant vaisseau aux fenêtres élancées, encadrées dans d'immenses *ogires* ou arcs en tiers-point, avec les colonnettes engagées dans toute la hauteur, qui semblent destinées à soutenir des voûtes qui, paraît-il, n'ont jamais existé.

C'est, du moins, l'avis (1) d'un ingénieur-visiteur de 1750. Il s'opposait d'ailleurs à la destruction de cette nef, qu'on avait proposée pour diminuer les nombreux frais de réparations qui s'imposaient. « De plus, elle est très belle, ajoutait-il, et les murs en sont excellents et pourront encore durer plusieurs siècles. »

La longueur totale de la nef, depuis la porte du chœur jusqu'à la porte d'entrée, était de 11 toises 3 pieds 8 pouces sur 22 pieds de large.

« Les grandes arcades, qui succèdent à ces murs, (2) simulent une moitié d'ovale, un grand cintre horizontalement couché sur lequel surgissent quatorze colonnes, en y comprenant les piliers à huit faces et facettes, qui portent la corbeille du clocher comme les immenses bâtons d'un dais ou baldaquin. Le ciel en est tissu d'une pierre poreuse

(1) Arch. Manche. II. 1320.
(2) C. Clouet : *L'Abbaye de Hambye*.

et brune qu'on ne trouve qu'au bord de la Douve, et l'on dit
qu'une superbe pyramide couronnait ce vaisseau percé d'ouvertures à tête ronde et de fenêtres ogivales géminées, lesquelles s'encadrent dans des embrasures cintrées. Les deux
spirales par où l'on y montait, de même que sur les prome-
nades extérieures, aboutissaient là-bas, aux petites portes à
droite et à gauche. Et la grosse cloche ? On en parle encore.
Contemplez les colonnes d'arrière : Quelle élégance dans le
fût ! quelle finesse artistique dans le travail du chapiteau !
Avec quel charme ces volutes, ces acanthes, ce feuillage,
ces fleurs, ces palmettes, ces mille caprices se dressent,
rampent et s'entrelacent au dessous des corniches ! Plus
espacées d'abord, les colonnes se pressent ensuite autour du
sanctuaire, à longueur d'homme les unes des autres, place
à mettre un tombeau. Sauf pour les deux du fond dont l'en-
trecolonnement a été calculé sur la grandeur d'un autel.
Partout de gracieuses ogives enjambent d'une colonne à
l'autre, ou des colonnes à des colonnettes appuyées aux
murs voisins. Il en est qui ne montent pas du sol ; alors
elles s'élancent du sein d'un buisson de feuilles et de fleurs,
ou du sommet d'une tête fantastique. A l'arrière des colonnes
absidales rayonnent cinq chapelles cintrées et tapissées
d'ogives doubles, encastrées dans une plus grande. Plus bas,
en face des arcades de la tour, deux autres chapelles ferment
les croisillons de l'église. A celle du côté gauche s'élève une
colonne monolithe en granit, servant de support à deux ogives
qui ferment l'entrée, et à la voûte de la tribune où se trouvait
l'horloge. Son chapiteau roman-byzantin est historié d'une
chasse : un cerf que poursuivent sous les arbres un chasseur
et deux chiens ; d'une main l'homme sonne de l'olifan, de
l'autre il porte un épieu. »

La description poétique que nous venons d'em-
prunter à l'un des admirateurs les plus connus de
notre commune patrie, ne suffit pas à nous donner
une idée des efforts de travail que les ouvriers du
Moyen-Age apportaient à l'édification *successive* de
leurs monuments.

Commencée peu de temps après la donation de
Foulques Painel, vers 1145, l'église de l'Abbaye rappelle la transition du style roman au style gothique
dans plus d'une de ses parties. La nef et les chapelles
du transept *dans leur ensemble* sont bien de cette
époque : tous l'accordent. Mais la reconnaissance des

moines et des vassaux pour l'illustre vainqueur des Anglais, qui, devenu, à la fin de la guerre de Cent-Ans, seigneur de Hambye, préféra à toute autre la résidence de la grande forteresse du Cotentin et voulut choisir une sépulture dans l'église de son Abbaye, lui a dès longtemps attribué la reconstruction du chœur et des chapelles rayonnantes.

Le goût des architectes et des sculpteurs de la seconde moitié du quinzième siècle, l'examen des monuments de la contrée bâtis ou réparés à cette époque, comme l'église paroissiale de Villedieu et Saint-Pierre de Coutances, permettent-ils de croire à une imitation si parfaite du style de la bonne époque du treizième siècle que semble indiquer le chœur de notre Abbaye ?

Après bien d'autres, M. R. Leconte (1) s'est plu à examiner la question, et l'a résolue par la négative. Avec lui, nous croyons que le chœur n'est pas du quinzième siècle, non plus que les chapelles ou la salle capitulaire. Cependant, un examen attentif nous a amené à attribuer à l'époque de Louis d'Estouteville des travaux d'une importance réelle, et qui justifieraient à bon droit la reconnaissance dont ce seigneur a été l'objet.

Les deux piliers qui soutenaient le clocher du côté de la nef sont-ils, dans leur entier, de la même époque que ceux qui leur font pendant à l'entrée du chœur ? La nature et l'appareil des pierres qui les composent ne sont-ils pas très différents ? Pourquoi l'absence de chapiteaux et la présence de moulures aiguës au lieu de moulures arrondies qu'on voit ailleurs ? La même remarque ne s'applique-t-elle pas aussi aux arcades qui mettent en communication la nef avec les amorces de bas-côtés qui précèdent le transept, ainsi qu'à certaines retouches faites à la fenêtre du transept du côté de l'Epitre ?

Si les piliers en question ont été repris complètement en sous-œuvre, tout en conservant la tour du

_____

(1) *Curiosités Normandes comparées.* Bernay, 1891.

commencement du treizième siècle, quel travail
gigantesque! Peut-être s'est-il s'agi simplement d'une
consolidation et d'un revêtement comme on peut
en voir un exemple à Cerisy-la-Forêt ; ce serait déjà
une œuvre bien digne d'admiration, et qui montrerait
une fois de plus l'habileté si commune des artistes du
quinzième siècle à fondre leurs nouvelles construc-
tions avec les bâtiments des âges précédents.

Les ouvertures *cintrées* des *chapelles rayonnantes*
sont-elles explicables pour l'archéologue, alors que
les voûtes, les fenêtres et les ogives géminées des
murs de séparation dénotent le treizième siècle, tout
aussi bien d'ailleurs que leurs propres chapiteaux ?
Serait-il impossible d'y voir les anciens cintres des
murailles comme ceux dont on trouve la trace dans
les murs du cloître aujourd'hui disparu, à l'extérieur
du transept sud ? Lorsqu'on aurait décidé la construction des chapelles, on les aurait revêtues de
moulures taillées dans une pierre blanche bien distincte des matériaux environnants. La nécessité de
ne pas exhausser la toiture des chapelles, pour ne
pas faire disparaître les fenêtres à lancettes qui les
dominent, explique qu'on ne les ait pas autrement
modifiées.

Remarquons en passant, aux colonnettes engagées
qui soutiennent la voûte entre ces chapelles, la présence d'une *bague* au lieu de piédestal, comme on en
rencontre à la cathédrale de Dol : ce n'est pas là
encore l'œuvre du quinzième siècle.

Pour jouir des beautés de l'abside de l'église, il
faut contourner le monument. L'amabilité des propriétaires des *bâtiments claustraux* donne toute lati-
tude aux visiteurs. Ces bâtiments eux-mêmes sont
les restes des trois ailes qui environnaient le *cloître*.

C'était, d'après le document de 1750, que nous
avons déjà cité, un portique presque carré. « Il a, disait
le visiteur, de longueur 11 toises 4 pieds sur 11 toises
3 pieds 7 pouces de largeur, avec un petit parterre
au milieu... Il est terminé par un petit mur d'appui
qui le sépare des quatre parties de cloître qui sont

couvertes en bardeau, et cette couverture est soutenue par de petites colonnes et des petits arceaux en pierre au-dessus. » Il est facile de voir encore sur les murs de la nef et sur ceux des bâtiments conservés les consoles sur lesquelles reposait la toiture de ce cloître.

« Le *logement des religieux* (il subsiste encore), est situé entre le cloître et le jardin ; il est composé au rès de chaussée d'une très belle salle où l'on tient le Chapitre, qui est de vingt pieds de largeur dans œuvre sur sept toises trois pieds de longueur, d'un réfectoir, d'une vaste cuisine, d'un office, d'un cavot, de trois caves, d'une sale à manger, d'une laverie, le tout voûté à l'exception de la sale à manger et de la laverie et d'une des caves ; ce qui doit subsister en entier pour l'usage des religieux qui y sont commodément.

Le premier étage au dessus est composé d'un coridor très honnête qui communique a l'église, le long duquel il y a six celules, dont cinq avec cabinets et cheminées ; il y en a plusieurs qui ont encore d'autres commodités ; au bout de ces celules joignant l'église, est la chambres des Archives precedée d'une antichambre. »

Le *bâtiment en aile*, aujourd'hui disparu, qui formait un des côtés du cloître joignant celui des religieux, avait primitivement 96 pieds de long ; il en restait, en 1750, les 40 pieds de longueur qui touchaient au logement des religieux. Les voûtes de la partie détruite supportaient un fort beau parterre avec de très bons arbres fruitiers. Le bâtiment restant servait à la réception des étrangers. D'après un procès-verbal semblable du temps du cardinal-abbé de Richelieu (vers 1627), le bâtiment qui servait autrefois de *réfectoire* et faisait côtière du cloître, avait été détruit par ordonnance de l'évêque de Coutances du 17 février 1604.

Le *logis abbatial* formait le quatrième côté du cloître.

« Ce bâtiment paroit avoir été construit en différents tems. Le grand corps de ce batiment a huit toises six pouces de longueur dans œuvres, sur trois toises cinq pieds cinq pouces de largeur aussi dans œuvre ; il a ensuite été continué à l'extrémité une augmentation de quatre toises deux pieds six pouces de longueur dans œuvre sur trois toises deux pieds quatre pouces de largeur. Ces deux bâtimens joints ensemble sont composés d'un rès de chaussée, d'un étage au dessus et d'un grenier sur le tout ; le rès de chaussée est composé d'une cuisine, d'un office et l'emplacement de l'escalier, d'un passage à coté qui communique dans le cloître et d'un bucher ayant servi d'écurie.

Le premier étage de quatre grandes chambres, d'un grand cabinet, de l'escalier pour arriver au grenier et d'un passage au dehors du dit bâtiment, pour aller à l'église. Depuis longtemps ce bâtiment a été adossé contre le cloître. »

Un autre corps de bâtiment, appelé le *Parillon*, formait un corps avancé au bout de la maison abbatiale. Il cachait une partie de l'entrée de la nef de l'église ; son état de délabrement faisait désirer sa démolition.

A l'autre extrémité de la maison abbatiale, au couchant, à l'entrée de la cour des religieux, était un *bûcher* de 32 pieds de long sur 24 de large ; avec ses deux fours, il avait dû servir de cuisine et de boulangerie.

Dans le jardin des religieux, autour du chœur de l'église, deux bâtiments ont été détruits vers la même époque par l'abbé de Scépeaux. Le premier était « adossé contre le mur des chapelles du chœur, » il avait 16 pieds sur 14. Le second, « un peu au-dessus du précédent, le long de la *terrasse*, composait une petite maison à l'usage d'un jardinier, de 18 pieds de longueur sur 14 de largeur. »

Au pied de la terrasse qui vient de nous être indiquée devait se trouver un *lac*. Un mur d'enceinte entourait l'enclos proprement dit de l'Abbaye.

La cour d'entrée, ou cour des religieux, distincte du cloître, renfermait les *communs*, qui subsistent encore en grande partie : le *pressoir* avec cave et grenier ; l'*écurie* à l'entrée : elle pouvait loger six chevaux ; à côté de la porte du côté de Hambye, le *logement du fermier* avec grange, cave et étable.

Enfin le *moulin*, situé sur la rivière de Sienne, près l'enclos de l'Abbaye, achève la description du visiteur de 1750, qui se trouve encore le meilleur guide qui puisse nous diriger aujourd'hui.

A cette époque, le Couvent était bien déchu de sa splendeur. L'Abbé commendataire n'avait à s'occuper que du *temporel* de son Abbaye. Il lui fallait bien en assumer les réparations : l'Intendant de la Généralité de Caen l'y obligeait, puisque, en dernière analyse, les bénéfices à nomination royale relevaient presque du domaine de la couronne.

L'Abbé devait aussi fournir une pension convenable aux *religieux* chargés d'acquitter les *charges spiri- tuelles* imposées par les fondateurs et bienfaiteurs. Ce serait manquer à la vérité historique, en présence de documents certains, que de ne tenir compte, pour l'ap- préciation de la valeur d'un bénéfice, que des chiffres des revenus (1).

A Hambye, il n'y avait plus, en 1750, que *deux* Bénédictins, auxquels on avait adjoint deux prêtres séculiers, alors que jusque-là il y avait eu au moins un *prieur* régulier et *six* religieux : « C'était là un état violent qui ne subsisterait peut-être pas tou- jours, » disait une note ajoutée au procès-verbal de visite.

Les conséquences de l'Edit royal d'août 1749, qui tendait à restreindre de plus en plus les établisse-

---

(1) Le total des pensions et autres dépenses pour la sacristie, la réception des étrangers, l'entretien des officiers de l'Abbaye, sénéchal et autres, se montaient, vers 1770, au chiffre de 3,175 livres, sans parler des 30 cordes de bois réservées aux religieux. De plus, l'Abbé était taxé pour les Décimes (impôt payé au Roi par les ecclésiastiques) au chiffre de 2,400 livres. Il donnait en outre 300 livres pour les pauvres de chaque paroisse où il y avait des dîmes pour l'Abbaye, sans compter l'entretien, obligatoire pour lui, du chœur de ces mêmes églises. (*Archives de la Manche*, II. 4330).

C'était une somme totale de 7,000 livres au minimum qu'il faudrait soustraire des 15 ou 18,000 livres de revenu accusés dans les États du temporel, et même des 22,000 livres, évalua- tion *maximum* du bail passé en 1789 par le dernier Abbé, DE LA PRUNE-MONTBRUN. La clause était expresse : « Quant aux reconnaissances des rentes et mouvances, ainsi qu'aux répara- tions et charges de toute espèce, elles seront à la charge dudit Seigneur-bailleur. » (*Ibid.* 4331).

ments religieux du royaume, et préludait de loin aux
ruines accumulées par la Révolution, empêchèrent
cet *état violent* de cesser. Lorsqu'en octobre 1784, les
Administrateurs de l'*Hôpital général de Villedieu* (1)
convoiteront, inutilement d'ailleurs, pour leur maison, les biens de notre Abbaye, ils affirmeront que,
depuis 1749, il était défendu de recevoir de nouveaux
religieux dans la Communauté ; celle-ci s'était éteinte
par la disparition de ses anciens membres, et il n'y
avait plus que quatre prêtres résidants pour l'acquit
des fondations.

Et cependant, c'était bien dans un but *tout spiri-
tuel* que Guillaume PAISNEL avait fondé le monastère,
en 1145, sur *l'inspiration* d'Algare, évêque de Coutances. Voici les termes mêmes de l'acte de fondation :

> Qu'il soit connu de tous présents ou futurs que moi,
> Guillaume Paisnel, de l'avis et du consentement de mes fils
> Hugues, Fouques, Thomas et Jean, j'ai fondé une abbaye
> dans mon héritage de Hambye pour pourvoir au salut de
> mon âme et des âmes de mon père, de ma mère et de mes
> ancêtres. Pour la construction de cette abbaye et l'entretien
> des frères qui y serviront le Seigneur, j'ai donné à perpé-
> tuité l'église de Hambye et ses dépendances, deux charruées
> de terre dans le même lieu, la dîme des revenus de toutes
> les terres que je possède dans le diocèse de Coutances, la
> moitié de la laine de mes moutons, trois livres de cire au
> Mont Saint-Michel, tout mon sel de Verdunum, le pasnage
> des porcs de la même abbaye, tous les hommes de l'abbaye
> exempts de toute coutume séculaire, le terrain de l'abbaye
> et ses dépendances, le moulin qui s'y trouve avec les eaux
> qui l'alimentent en amont et en aval, l'île, une partie délimitée
> de la forêt, les landes de Mêlée, une chapelle située dans le
> bois, aux Moitiers-Hubert, et ses dépendances, une partie
> de bois *monstratis divisis* ; deux charruées de terre, deux
> acres de prés, un jardin et toutes les dîmes des revenus du
> château des Moitiers-Hubert.

Cette donation fut approuvée par l'évêque ALGARE,
du consentement et de l'avis du clergé de Coutances.
Le Couvent, dédié en l'honneur de Dieu et de Marie,
sa sainte Mère, devait être confié aux moines de

---

(1) Cf. *Villedieu-les-Poêles* : Tome I, pages 251 et sq.

l'ordre des Serviteurs de Dieu du monastère de Tiron. C'était une abbaye de la Beauce qui dépendait des Painel.

Tandis que s'élevaient les bâtiments, les nouvelles donations, comme aussi les nouvelles charges spirituelles, abondaient à l'Abbaye. Il nous est impossible de les énumérer ici. L'approbation des Souverains Pontifes Alexandre III (1181) et Clément III (1187), puis plus tard de Clément V (1306), la confirmation de Henri II, roi d'Angleterre et duc de Normandie, n'étaient-elles pas un encouragement pour les bienfaiteurs ? Toute la famille des fondateurs répandue dans le Cotentin, nombre d'évêques, de prêtres, de chevaliers, tinrent à honneur, autant qu'à profit, de contribuer au développement des richesses du Couvent. Et cependant il paraît que, tout compte fait, les revenus n'empêchaient pas les dettes à la plus belle époque de son existence. Lors de ses visites en 1250, 1256 et 1266, l'archevêque de Rouen, Eudes Rigaud, y trouvait, la première fois un déficit de 1,100 livres de l'époque, l'équivalent d'une année du revenu, et de 300 livres les deux autres fois ; il voyait de plus qu'il n'y avait qu'un seul calice pour l'usage de toute la communauté, composée de 17 religieux en 1250 et 1256, et de 21 en 1266.

Hambye était devenu *chef d'ordre*. Les abbayes de Longues (1168) et de Valmont (1169) lui devaient leurs premiers moines. Aussi leurs abbés étaient-ils obligés de se faire représenter aux chapitres généraux de la maison-mère.

Les *actes et statuts du chapitre général* tenu à Hambye au mois de mai 1248 ont été souvent cités par les historiens de l'Abbaye. Plusieurs ont voulu trouver une allusion au relâchement des mœurs dans certains passages de cette pièce remarquable. Tel n'était pas l'avis de l'auteur du *Neustria Pia* au XVII⁰ siècle : il n'y voit qu'une preuve de la ferveur des religieux de cette époque. Prévoir les délits et les crimes, et leur infliger une sanction très sévère, est-ce donc une indication de la perversité du législateur ?

L'archevêque de Rouen n'avait d'ailleurs à leur reprocher dans ses visites que l'usage de la viande une fois au moins par semaine, et quelques infractions au jeûne.

Ces statuts nous fourniront une réponse à une question que se posent très souvent nos contemporains : A quoi servaient ces moines du Moyen-Age enfermés dans leur monastère ? L'obligation de la prière publique, le soin de punir toute infraction à la pratique de la *pauvreté* pour ne pas diminuer la part de l'*aumône* toujours si grande dans les revenus du couvent, serait une première indication. Le travail gratuit des *écrivains* ou *copistes* mérite bien aussi l'approbation des admirateurs des riches manuscrits qui nous ont conservé, et les chefs-d'œuvre de l'antiquité, et les ressources d'un art difficile à surpasser. Dans tous les cas, il serait difficile d'accuser nos Bénédictins de la préoccupation d'arrondir leurs domaines. L'archevêque de Rouen note lui-même, en 1266, l'usage de l'Abbaye « de donner trois fois par semaine l'aumône à tout venant. »

Voici les principaux passages des actes de 1248 :

Nous établissons et ordonnons que :

Dans la célébration de chapitre, avant toute autre chose, on invoquera à genoux le secours de l'Esprit Saint par le chant de l'hymne « *Veni, Creator Spiritus,* » du verset « *Emitte Spiritum* » et de l'Oraison « *Deus qui corda* ».

Tous les moines occupés en dehors de l'abbaye à quelque affaire séculière, la quitteront au premier signal, car le service de Dieu doit passer avant tout, pour se rendre au monastère et y assister aux *heures* et aux *messes* depuis le commencement jusqu'à la fin. Personne ne doit sortir sans la permission de celui qui préside et à la condition de revenir au plus vite. Quiconque agira autrement devra reconnaître publiquement sa faute en présence du chapitre et recevoir du prieur la punition exigée par la règle.

Comme nous suivons la règle de notre bienheureux Père Saint-Benoit, dans tous nos monastères, aussi bien que dans les abbayes et prieurés qui nous sont soumis, nous statuons et voulons que toutes coutumes, constitutions et observances, qui seraient contraires à la loi de Dieu ou à la règle de Saint-Benoit, soient complètement abandonnées et cessent d'être observées. La lecture de la règle dans le chapitre se fera en français à cause des frères moindres (convers) qui y assistent.

Tous, excepté les malades, aussi bien les abbés que les moines, se tiendront au dortoir pour s'y reposer ou y dormir, soit le jour, soit la nuit ; l'abbé seul aura une chambre particulière.

Celui qui commande ne précipitera pas ses ordres et ne portera qu'avec prudence les sentences d'excommunication.

Dans les infirmeries se trouveront des serviteurs spéciaux, bons et empressés au service des malades, autant que le permettront les ressources de chaque maison. On leur donnera une nourriture suffisante, différente des restes des malades qui seront par l'aumônier distribués aux pauvres. Le malade ne demandera et ne recevra sa part que s'il peut la manger ; s'il l'a reçue et qu'il ne l'ait pas consommée, il en remettra aussitôt les restes à l'économe.

Le malade que la maladie ne débilitera pas et dont l'appétit ne diminuera pas, devra se contenter de la nourriture du réfectoire.

Personne ne sortira du réfectoire sans la permission de celui qui préside ; personne n'y commettra de singularité, ne diminuera ou ne prendra par fraude la part de l'aumône ; personne, à l'exception des serviteurs et de ceux qui sont employés à la cuisine, n'entrera à la cuisine, ni ne s'approchera de la fenêtre du réfectoire. On ne mangera, ni ne boira en dehors du réfectoire sans une permission spéciale de l'abbé ou du prieur, et encore on ne le fera qu'à des heures déterminées ; en l'absence de l'abbé, personne ne s'absentera de la première table, à moins qu'il n'en soit empêché par quelque affaire et qu'il en ait obtenu la permission de celui qui préside. Aucun abbé, prieur ou moine, ne mangera dans sa maison ou dans toute autre maison religieuse située à une lieue à la ronde. S'il arrive, que Dieu nous en préserve, que quelqu'un s'enivre soit au monastère, soit au-dehors, le coupable, s'il a quelque charge, sera destitué de ses fonctions, et subira une sévère punition ; il en sera de même pour ceux qui n'ont aucune charge.

Personne n'aura en propriété ni vêtements ni chaussures ; ni ne les vendra, ni ne les donnera. Personne n'en recevra de neufs qu'après avoir remis les vieux à l'abbé ou au prieur, pour ceux qui n'ont pas d'abbé, afin de les donner aux pauvres. De même, personne ne recevra de dépôt sans l'autorisation de l'abbé ou du prieur ; les abbés ou prieurs n'en recevront qu'en présence de témoins.

Nous défendons sous peine d'excommunication à tout

prieur ou obédientiaire, de vendre ou de donner quelque bois sans la permission de l'assemblée. Nous ordonnons de renvoyer de suite des monastères, prieurés ou manoirs, tout serviteur inutile ou malhonnête.

Les *écrivains* ne recevront le prix de leurs écritures qu'avec l'autorisation du supérieur, et à condition d'en faire usage pour le monastère.

Tous éviteront les tavernes, les personnes et les lieux suspects, et s'abstiendront des boissons dangereuses.

Ceux qui auront versé le sang ou commis quelque crime seront jugés dans notre chapitre général : en attendant sa célébration, ils jeûneront les mercredis et vendredis au pain et à l'eau et s'abstiendront de monter à l'autel, à moins qu'ils ne viennent pendant ce temps nous consulter à ce sujet, mais ils ne pourront recourir à nous qu'avec des lettres de recommandation de leur Supérieur. Celui qui, sans en donner la preuve ou justifier son accusation, aura accusé un Frère de quelque crime sera regardé comme l'auteur de ce crime et puni comme tel. Ceux qui reprocheront à quelqu'un les fautes expiées par une peine seront passibles de cette même peine. Les prieurés et toutes les fonctions administratives seront donnés gratis et sans vénalité aux Moines qui en seront dignes, et dont on n'aura pas à craindre le scandale. Si quelqu'un donne, reçoit ou promet quelque chose pour la cession d'une charge, nous le déclarons simoniaque.

Les Moines, en quelque lieu qu'ils soient, à l'intérieur ou à l'extérieur du monastère, ne mangeront de viande que dans la mesure où le prescrit la règle de Saint Benoît.

Les Abbés ou Prieurs prendront conseil des Frères dont ils sont Supérieurs ou du moins de la plupart d'entre eux, surtout des plus intelligents, pour les changements ou innovations à opérer, afin de leur donner connaissance de la somme à y employer, des noms des créanciers, des termes et de l'étendue du contrat conclu... Aucun Abbé ne vendra, échangera ou donnera les biens immeubles : toute aliénation lui est entièrement interdite.

Tout Moine qui, sans d'honnêtes témoins, conversera avec une femme, n'obtiendra plus la permission de sortir du monastère. De même, le Moine qui, sans permission, franchira les clôtures de la Maison ou s'attardera au dehors, sera passible de la peine imposée par la règle et ne sortira du cloître qu'avec une permission spéciale.

Nous ordonnons que les Abbés et Prieurs s'abstiennent des courses et des voyages : ils doivent demeurer dans le cloître avec leurs Frères et assister aux offices divins, surtout aux vigiles, au chapitre, à la conférence et au réfectoire, à moins d'empêchement nécessaire et utile.

Nous excommunions tous les propriétaires qui, après quinze ans, retiendront en propre quelque bien. Une fois par an, après la célébration du chapitre général, nos Abbés et nos Prieurs et tous les autres prêtres devront, en présence des autres Frères réunis dans leurs chapitres, les cierges étant allumés, et au son des cloches, excommunier les dits propriétaires.

Fait en l'année et aux jours susdits, durant lesquels nos chers fils les Abbés de Longues et de Valmont, en présence du procureur du couvent de Longues, nous firent dans notre chapitre général et nous promirent solennellement obéissance à nous Hugues, en notre qualité de prêtre et abbé, et au monastère de Hambye, ainsi qu'à nos successeurs. En foi de quoi, les Abbés susdits ont apposé conjointement au nôtre leurs sceaux sur le présent écrit.

Sous la direction de leurs Abbés *réguliers*, les moines de Hambye accomplirent dans le silence leur fonction de prière et de sacrifice (1). Les événements dont le pays fut le théâtre pendant la guerre de Cent-Ans eurent sans doute leur retentissement parmi eux. Il leur fallut payer rançon aux envahis-

---

(1) Nous regrettons que M. LAIR ne nous ait pas indiqué les sources où il a trouvé certaines dates de sa liste des Abbés de Hambye.

Nous proposerons à M. LECONTE quelques rectifications pour la succession des Abbés.

L'*Extrait de l'Obituaire*, cité par lui, donne, à la date du 8 des Ides d'avril 1344, le décès d'un Guillaume GUERNON, abbé.— Il est question dans l'*Extrait du Cartulaire* (même registre), d'un GUILLAUME, abbé en 1389 : c'était encore Guillaume BOVELIN. — L'abbé GEFFROY II, mentionné en 1420 et 1431, meurt le *3* des Ides d'août *1434*. — On peut lui donner comme successeur GUILLAUME IV, décédé en 1438, d'après l'Obituaire de la Lucerne cité par le *Neustria Pia*. — Au 12 des Kalendes de juillet 1521, nous lisons dans l'Obituaire Beraldus BONTE, au lieu de « de Bonce ». Cette lecture permettrait de voir apparaître près de cent ans plus tôt la famille BONTÉ parmi les dignitaires de l'Abbaye.

Nous parlerons plus loin des RAVALET.

Jean de PASSELEIGUE, évêque de Belley, est donné comme abbé de Hambye dans le *Registre capitulaire* (Arch. Manche, H. 4315), dès l'année 1635.

scurs ; mais ceux-ci mêmes se montrèrent disposés à
favoriser l'œuvre des religieux, lorsqu'un de leurs
procureurs, depuis Abbé, sous le nom de Geoffroi II,
consentit à prêter serment à Henri V (1419).

Après le retour des seigneurs légitimes au château
des Painel, l'Abbaye se ressentit, nous l'avons vu, de
la bienveillance de Louis d'Estouteville et de son
épouse Jeanne Painel. Avant eux, de nombreux
membres de leur famille avaient choisi leur sépulture
dans le chœur ou les chapelles de l'église du couvent :
l'*Obituaire*, que nous avons indiqué, nous en donne-
rait la liste. A quelques-uns d'entre eux est même
attribuée la construction de plusieurs des chapelles
rayonnantes : nouvelle preuve qu'elles existaient
avant 1450.

L'Abbaye eut-elle à souffrir des agitations des pro-
testants dans le pays ? La prudente fermeté du maréchal de Matignon sut du moins empêcher les excès
graves de se prolonger dans sa lieutenance de Normandie.

Les effets du Concordat de 1516, qui attribuait aux
Rois de France la nomination de nombre de bénéfi-
ciers, et l'Abbé de Hambye était l'un d'eux, furent-ils
plus préjudiciables au monastère ? Les Abbés *commen-*
dataires qui se succédèrent ici (1) n'ont certes pas

---

(1) Une divergence se rencontre entre les historiens anciens
et modernes de l'Abbaye sur l'identité des *Abbés commenda-*
taires qui répondent au nom de RAVALET OU DE TOURLAVILLE.
Toustain de Billy, seul parmi les anciens, avait distingué deux
JEAN de Ravalet, dont le premier serait mort en 1580. M. l'abbé
E. Fleury, pro-secrétaire de l'Evêché de Coutances, a bien
voulu nous indiquer la cause de cette *erreur*. Les *Ravalet de*
Tourlaville, ayant obtenu, vers 1580, de se faire désormais
désigner par le nom de *Tourlaville* pour se distinguer de leurs
parents les Ravalet *de Sideville*, le secrétaire de l'Evêché raya
sur un registre l'ancien nom de l'abbé de Hambye pour y subs-
tituer le nouveau : Toustain de Billy en conclut au changement
même de personne. Il serait également inexact d'affirmer que
cette substitution de nom n'eut lieu qu'après le procès des
neveux de notre abbé, en 1603 : l'arrêt du Parlement de Paris
qui les condamna à mort (2 décembre 1603), ne les désigne
que sous le nom de *Tourlaville*.
L'explication de M. Fleury est d'ailleurs justifiée par la com-

tous mérité de graves reproches. Certains même,
comme le cardinal de Richelieu, archevêque de Lyon,
ancien Chartreux, frère du grand Cardinal-Ministre (1),
ont laissé une réputation bien méritée de sainteté.
Quelle que fût leur valeur personnelle, leur conduite
n'avait guère à influer sur des religieux qu'ils ne visi-
taient souvent même que par procureur. Les moines
n'en restaient pas moins soumis à leurs règles sous
la direction d'un *prieur claustral*, moine lui-même.
Nous avons (2) le registre capitulaire de 1573 à 1650.
Les réceptions de moines, les procès-verbaux de leur
profession s'y trouvent soigneusement enregistrés :
ils vouent toujours la *chasteté*, la *pauvreté*, l'*obéissance*, et la *stabilité* dans le Couvent de Notre-Dame
de Hambye.

Cependant le mouvement de réforme des Ordres
religieux, que les décisions du Concile de Trente sus-

paraison des actes capitulaires de l'Abbaye et de différents
actes du tabellionage de Hambye dont nous avons parcouru les
registres aux Archives de la Manche.

JEAN RAVALLET, abbé commendataire de Hambye, à l'âge de
12 ans, depuis 1561. vicaire général de M. de Cossé. puis grand
chantre de la cathédrale de Coutances depuis 1572, porte encore
ce nom en août 1579. Au 7 septembre 1583 avec les mêmes
titres qu'auparavant, il est appelé JEAN DE TOURLAVILLE. C'est
sous ce nom qu'il est désigné dans les actes que nous avons
parcourus jusqu'en juillet 1595. Les registres de Tourlaville
mentionnent son décès à la date de 1625 : il avait 76 ans. Mais
il avait dû se démettre *de son Abbaye*. sinon du cantorat. avant
le 11 juin 1598 ; l'abbé de Hambye est alors Me JULIEN DE
TOURLAVILLE, *clerc*. Le nom se lit ensuite dans les actes capitulaires jusqu'au 25 février 1601. C'est après cette date qu'eut lieu
sans doute la compétition pour l'Abbaye, entre Charles DE
BOURBON, archevêque de Rouen, et l'un des neveux des Tourlaville. dont parle le *Gallia Christiana*, et leur cession en faveur
de Thomas MORANT. qui bientôt fit place au nouveau grand
chantre, JACQUES DE FRANCQUETOT (1602).

Une preuve de plus en faveur de la survivance de JEAN DE
TOURLAVILLE. c'est la mention suivante d'un *cueilleret* de l'Abbaye de 1601 : « Reçu de noble et discrette personne Me Jean
dé Tourlaville, seigneur du Rozel, *cy-devant* Abbé de Hambye,
six chappons pour l'année 1588 ». Même note à la suite pour
l'année 1589. (*A. Manche*. II. 4336).

(1) Il succéda à Jacques de Franquetot en 1620.
(2) (*A Manche*. II. 4315).

citèrent en France sous les règnes de Henri IV et de Louis XIII, se fit sentir à Hambye même. Le 31 octobre 1650, l'évêque de Belley, Jean Passeleigue, ancien moine de Cluny, alors Abbé, envoya proposer à ses moines d'accepter parmi eux des Bénédictins de la *Réforme de Saint-Maur*. Il s'en était établi dans beaucoup d'anciennes abbayes. Les grandes maisons bénédictines de Paris, en particulier, leur avait ouvert leurs portes. Très touchés de la sollicitude de leur illustrissime Seigneur pour ramener parmi eux la *première splendeur* et l'*antique régularité*, les moines se soumirent volontiers à ses désirs, à la condition qu'eux-mêmes ne seraient jamais obligés d'embasser la Réforme, et qu'ils pourraient continuer à « s'acquitter tant à l'église qu'en la forme de vivre, selon l'usage et tradition de leurs pères défunts, et sans déroger à la Congrégation des anciens Bénédictins ». Les réserves posées, et les arrangements matériels réglés pour la cohabitation des deux communautés ne purent être mis à exécution.

Il en fut de même de la tentative faite, le 20 octobre 1731, par l'Abbé de la Houssaye. Bientôt les anciens moines allaient disparaître définitivement sans être remplacés par d'autres. Du moins, jusqu'à la Révolution, la Commission des Réguliers, qui supprimait les Communautés trop peu importantes, prit soin, soit par l'union de leurs revenus à d'autres bénéfices, soit par la demande de desservants séculiers à l'évêque diocésain, — ce fut, nous l'avons vu, le cas pour Hambye, — d'assurer l'acquittement des *charges spirituelles* imposées par les fondateurs.

Le salut *de l'âme* des donateurs inquiéta moins les hommes de la Révolution. Quand l'Assemblée Nationale décréta que tous les biens ecclésiastiques feraient retour à la Nation, elle promit bien d'assurer pour l'avenir l'exercice du culte, l'instruction publique et le soin des pauvres : mais que fit-elle pour maintenir l'acquit des intentions toutes de *piété* qui avaient été la cause déterminante de nombre de ces fondations ? Bien peu nombreux furent les immeubles ou les rentes qui, échappés à la vente ou à la dévastation, purent être, sous le Consulat et l'Empire, restitués aux Fabriques des paroisses intéressées pour leur permettre d'assumer les charges des établissements supprimés.

Les biens de l'Abbaye de Hambye furent vendus ; la liste de leurs acquéreurs, avec les dates, se trouve aux Archives de la Manche. L'église même, dont la vente avait été d'abord différée, fut adjugée le 27 janvier 1810, et livrée aussitôt aux dilapidations des inconscients. Le Concordat, en accordant à leurs possesseurs la reconnaissance de la propriété des biens nationaux, a permis de laisser ces biens dans le domaine du public, et les transactions dont ils ont été l'objet depuis doivent être regardées comme légitimes.

Un moment, on put espérer voir renaître le culte dans l'antique église. Un vicaire général de Coutances, M. Delamare, eut l'intention d'acquérir les restes du monastère pour y établir la Communauté naissante des Frères des Écoles chrétiennes de la Miséricorde, installés ensuite à Montebourg. (1)

Déjà le monument avait subi bien des dégradations. Sous la Restauration même, le maire de Hambye, l'un des co-propriétaires du monastère, n'avait pas su empêcher la démolition des deux piliers du chœur, et on lui attribue à lui-même la destruction du portail. Seuls les fonds du Gouvernement étaient capables de réparer les ruines, ou du moins d'en arrêter le progrès. L'architecte envoyé avec M. Delamare pour la visite de l'église, dont ce dernier avait déjà acquis les trois cinquièmes, lui persuada que le plus sûr moyen d'obtenir des secours de l'État serait l'érection d'une *succursale* à l'Abbaye.

Malgré l'opposition de M. Daveney, qui avait suc-

(1) Autre Abbaye de Bénédictins du diocèse de Coutances. Après des efforts admirables pour relever l'antique église romane, les Frères viennent d'être chassés et dispersés par retrait d'une autorisation parfaitement en règle.

cédé, dans la cure de Hambye (1), à M. HÉBERT, mort en 1814, cette idée fut adoptée à l'Evêché de Coutances. Elle répondait d'ailleurs aux désirs exprimés au moment (2) de la vente des biens de l'Abbaye en 1791, puis au décret du 25 germinal an XIII (avril 1805), qui érigeait en *annexe* « l'endroit connu sous le nom d'Ancienne Abbaye ». Il s'agissait de faciliter l'accomplissement des devoirs religieux à 7 ou 800 fidèles des environs, éloignés de 4, 6 et même 8 kilomètres, des deux paroisses de Hambye et de Percy.

Le 19 septembre 1854, l'un des vicaires de Hambye, l'abbé BOSCHER, était chargé de desservir l'*annexe* provisoirement rétablie, soit dans une chapelle de l'église, soit dans la salle capitulaire très bien conservée. Deux ans après, le 4 novembre 1856, à la suite du Décret Impérial du 29 mars de la même année, Mgr DANIEL érigeait en *succursale*, c'est-à-dire en paroisse indépendante, l'église de l'Abbaye, et en nommait *desservant* ou curé le même abbé Boscher.

Les anciens se souviennent encore des premiers offices célébrés dans une des chapelles de l'église en ruine. On y assistait assis sur des fagots, exposé aux intempéries de l'air ; mais les habitants d'alentour, qui avaient signé tant de pétitions, se montraient heureux. L'administration régulière des sacrements commença *au chapitre*, après l'érection de la succursale. Qu'on nous permette ici un souvenir de famille : le premier mariage béni dans la salle capitulaire, au mois de janvier 1857, fut celui des parents de l'auteur de cette brochure ; l'un des derniers enterrements, ou plutôt offices funèbres, car les inhuma-

----

(1) Il devait occuper lui-même ce poste jusqu'à son décès en 1861, à l'âge de 76 ans ; M. GUILGAUD, son successeur, y mourut en 1884.

(2) Les quatre prêtres desservants de l'église abbatiale en 1789, MM. Pierre DOUVILLE, GRENTE. PINAULT et JENVRESSE, avaient refusé le serment. Il ne dut pas en être de même de Nicolas DOLLEY, *desservant* de l'Abbaye, dont nous voyons les obsèques célébrées, à la date du 15 décembre 1792, par les curés constitutionnels des environs. (*Conférences ecclésiastiques de 1867*, et *Archives de la Manche*).

tions eurent toujours lieu au cimetière de Hambye,
fut celui d'un des derniers fondeurs, notre oncle
Pierre Grente, adjoint au maire de Hambye, et l'un
des plus chauds partisans de l'érection de la nouvelle
paroisse (décembre 1860).

Le registre de l'église succursale, conservé aujour-
d'hui au presbytère de Hambye, se termine par cette
mention :

L'exercice 1861, par ordonnance de Mgr l'Evêque, réduit
à l'impuissance de donner suite à ce service paroissial, vu
le refus du Gouvernement de venir en aide à la restauration
de l'église abbatiale de Hambye, est arrêté au dimanche de
Quasimodo, sept avril.

Le sort des *ruines de l'Abbaye de Hambye* n'a pas
cessé d'intéresser les lettrés de la contrée (1). Bien des
tentatives ont été faites auprès de la Direction des
Beaux-Arts pour obtenir leur classement parmi les
monuments historiques.

Le 18 août 1902, Mgr GUÉRARD, — propriétaire,
comme évêque de Coutances, de l'église abbatiale
acquise à la mense épiscopale par les soins de M. Delamare, décédé archevêque d'Auch, puis de NN. SS.
DANIEL et BRAVARD, — informait M. le Curé de
Hambye que le désir si souvent exprimé était enfin
réalisé. Espérons que le Gouvernement, fidèle aux
engagements qu'il vient de prendre, ne tardera pas
à apporter les mesures urgentes pour empêcher la
disparition complète du monument !

---

(1) Le souvenir des anciens moines n'a pas sans doute été
sans influer aussi sur la vocation religieuse de plus d'un enfant
de Hambye. Nous aimons à saluer en particulier, comme l'un
des nôtres Dom VITAL (abbé Lehodey), qui gouverne aujourd'hui
l'unique Abbaye du diocèse de Coutances, Notre-Dame de Grâce
de Bricquebec.

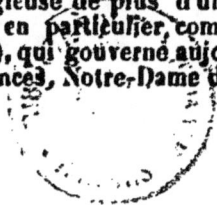

IMPRIMERIE ALFRED PERRIN, AVRANCHES